EXPERIENCIA CUÁNTICA

EXPERIENCIA CUÁNTICA

MEJORA Y EQUILIBRA SU VIDA

Omar Peña Grau

INDICE

Nota del autor

¿Sabían que hoy tenemos los medios y la tecnología que permite, en meditación con música, trascender la identidad hacia aves, peces, animales, vegetales, minerales y humanidad en general, trascender el espacio trasladándonos hacia otros lugares y trascender el tiempo, viajando a otras épocas? Además, podemos acceder al conocimiento directo de la relación de los objetos con las personas (psicometría) y obtener información clarividente y telepática. También, esta tecnología Neurocuántica puede ser aplicada en superaprendizaje virtual y en biorresonancia mórfica para la salud. ¿Cómo podemos acceder a esto? Existe un programa de meditación y relajación modular que, mediante un proceso vivencial se obtienen estos fenómenos.

¿Sabían, que en estados meditativos y de relajación, podemos aprender directamente en tres dimensiones, a color y en movimiento, con todas las sensaciones que produce la inmersión virtual, identificarnos con el comportamiento de un ave, pez, animal, vegetal o mineral; experimentar visiones del mundo del origen de las ideas y de creación de las "formas platónicas"; Viajar a otros lugares conocidos o desconocidos de otros tiempos; Comunicarnos sin lenguajes ni gestos, sino en forma telepática en resonancia con los objetos de las personas (psicometría). Todas estas aplicaciones en la educación permiten acceder a un conocimiento directo e intuitivo de la realidad, que están disponibles actualmente y que pueden complementar el conocimiento tradicional ofrecido por los organismos e instituciones educativas.

¿Sabían que se puede aumentar la eficiencia y productividad del trabajo hasta límites increíbles, mejorando sustancialmente la concentración, elaborando nuevas ideas, estructuras y modelos sólo empleando algunas técnicas de meditación, de visualización y relajación, que permiten extraer información del inconsciente para aprender, comprender y crear nueva información con el mínimo de esfuerzo por parte del individuo. Existen técnicas que van disminuyendo las tensiones y el estrés, aumentando la concentración y visualizando los temas a desarrollar, lo que permite efectuar con pleno éxito las labores individuales y colectivas. La aplicación de estas técnicas, en las empresas, puede hacer de ellas "empresas líderes de la eficiencia".

Existen varias formas de acceder a la realidad trascendente. Puede iniciarse directamente el proceso a través de una técnica específica o también profundizar el proceso mediante una preparación previa de la mente. En el primer caso estamos frente a un **Taller de meditación** y en el segundo, un programa de meditación denominado **Programa Educación Sin Fronteras**. Para integrarlos en un solo proceso diremos que se tratan más bien de **Espacios de la Mente**. Si bien, ambos métodos contemplan los mismos "espacios" de desarrollo integral del proceso, en el Programa, se profundiza mayormente la preparación psicológica del sujeto que en el taller, a fin de eliminar cualquier obstáculo que inhiba el acceso a la realidad transpersonal-compleja.

El programa, en primer término, consiste en una relajación, orientada a que el participante tenga un proceso autocurativo, liberándose de las tensiones físicas, emocionales y mentales. En segundo lugar, se entregan herramientas de meditación y experiencias fenomenológicas. Los alcances de estas técnicas permiten obtener beneficios como manejo del estrés, reducir la agresividad, el insomnio y mejora del estado de ánimo, entre otros aspectos. Ayuda, también, al entrenamiento en percepción extrasensorial como sicometría, clarividencia y telepatía. Las metas de este programa, van más allá de lograr un efecto síquico en el entorno, sino que intenta alcanzar beneficios de la salud, física, mental y espiritual del participante y de quienes le rodean.

Ahora puede usar su propia música, voz e imaginación, como herramientas de educación transpersonal. El libro contiene los aspectos básicos que incitan a la acción y la creación. Es un libro que sirve para caminar. En él encontrarás los medios suficientes para vivir una experiencia trascendente. Descubrirás, en este libro, que ya no eres un ser insignificante, sino que tú, y cada uno de nosotros, es parte de la historia de la humanidad; cada uno, en su naturaleza humana, es sagrado y divino en su individualidad, al punto que podemos decir, que el mundo comienza y termina contigo y le afecta en todo lo que haces. Podrás hacerlo bien o mal, pero solo tú eliges el camino.

Si desea, primero, comenzar gradualmente al cambio de conciencia de sensorial a cuántica, puede iniciarse preliminarmente con los ejercicios de reflexión y reducción fenomenológica, presentados en la segunda parte. Si ya se inició en las técnicas de meditación, podría saltarse esos ejercicios, pues sólo sirven para modificar la percepción, en el caso que usted tenga barreras, conscientes o inconscientes, que le impidan sumergirse inmediatamente a estados ampliados de conciencia.

INTRODUCCIÓN

ESTRUCTURA DUAL DE LA CONCIENCIA

Una de las características de la conciencia es su funcionalidad dual, dependiendo del espacio en que se encuentre. Al igual que los diferentes estados de la materia tienen propiedades particulares, la conciencia en cada uno de los dos espacios, **sensorial** (ordinario) y **cuántico** (complejo) tiene sus propias propiedades. Quizás esta característica de la conciencia, sea uno de los principales elementos que tenga incidencia en el proceso de desarrollo y evolución de la conciencia.

En conciencia sensorial (ordinaria), presenta las propiedades de adosarse a un envase (cuerpo) con características propias de la materia, de inmovilidad, de identidad o pertenencia, de ubicuidad, de temporalidad. En cambio, la conciencia quántica de estados alterados (no ordinarios), adopta propiedades de deslizamiento de su sensación de envase (cuerpo) con características aproximadas a la energía, de movilidad, de trascendencia de la identidad, del espacio y del tiempo. Una característica importante de la conciencia en ambos espacios sensorial y cuántico (ordinario y complejo) es que la fijación de la atención, permite discriminar la propiedad específica en que nos encontremos. Así por ejemplo, si nos encontramos en conciencia sensorial (ordinaria), podemos prestar el foco de atención en un momento a sentir la conciencia en nuestro cuerpo, o a nuestra ubicación espacial y temporal, tomando esta experiencia como real en este campo. En espacios cuánticos (complejos), podemos prestar atención al cambio de identidad o trascendencia del espacio y del tiempo y también considerarla real en este otro campo transpersonal. En ambos casos es una experiencia virtual de observador-participante.

Obtener el equilibrio de los dos espacios de la conciencia (sensorial y cuántico), permite un desarrollo y evolución de la conciencia saludable, que puede tener enormes repercusiones en el funcionamiento de la humanidad. Mantenerse en un solo espacio "es incompatible con un comportamiento adecuado y con la supervivencia en el mundo cotidiano". La integración de ambas formas de percibir la realidad, contribuye a una "salud mental genuina". De ahí que, desplazar la orientación, de un espacio al otro, contribuye a un desarrollo sano y eficiente del funcionamiento de la conciencia. Sin embargo, este no es el paradigma que prevalece en nuestra cultura hasta ahora. La cultura occidental, ha tenido por eje en su paradigma de funcionamiento de la conciencia de un solo espacio (sensorial), con claro predominio en este contexto, de la materia sobre la energía. La educación, salud, trabajo y comunicación, están orientadas con el paradigma de la conciencia como materia. Sin embargo, hay indicios y esperanzas que esto vaya cambiando en las próximas décadas. Con el avance de la ciencia y el reconocimiento de las nuevas formas de vida y aplicaciones de la tecnología de la conciencia dual, estamos cada vez más cerca del cambio de paradigma de la conciencia como materia (sensorial) a la conciencia como energía (cuántica).

Para trascender las fronteras de la identidad, del tiempo y el espacio en estados de meditación y relajación, el PROCESO DE EDUCACION SIN FRONTERAS (PESF) comprende cuatro etapas o módulos con sus correspondientes técnicas: primero debemos aprender a relajarnos físicamente, emocionalmente y mentalmente (relajación muscular progresiva, entrenamiento autógeno y relajación del sonido primordial); segundo debemos aprender a concentrarnos en un objeto y en un sonido (meditación concentrativa del tacto, meditación mántrica); tercero aprender a visualizar y viajar (visualización dirigida, visualización libre, viaje visionario y viajes en el tiempo); cuarto dejándose llevar en estado relajado (visión interior). Una vez aprendido estos módulos se pasa al proceso de superaprendizaje y creatividad virtual, biorresonancia mórfica en salud virtual, psicometría, telepatía y clarividencia.

REQUISITOS DE ENTRENAMIENTO EN PESF

Antes de iniciarse en el proceso de meditación y relajación debemos disponer de ciertos elementos necesarios para el aprendizaje.

Para cada técnica:

1. Leer texto de instrucciones de ejercicio de meditación y/o relajación.
2. Seleccionar música específica.
3. Grabar texto de introducción, seguido de la música seleccionada y texto final de meditación-relajación.

Previo a grabar el texto, es conveniente leer varias veces el texto de instrucciones para evitar errores durante su grabación. (Como alternativa a grabar puede algún amigo leer el texto durante la meditación).

Respecto a la música, se ha descubierto que ella por sí sola contribuye a reemplazar las autosugestiones que habitualmente se ofrecen durante todo el proceso que perdura la meditación, lo que facilita y acelera el mismo proceso.

Para seleccionar la **música** para cada técnica, basta con buscar alguna de su propiedad (o música para meditar) que tenga los requisitos siguientes: sea suave, con un ritmo parecido durante toda la música y que perdure más o menos entre 5 a 10 minutos. (**Advertencia: para cada técnica usar música diferente**).

Busque un lugar y momento adecuado en que no sea interrumpido para comenzar a grabar.

Las pausas en paréntesis (pausa3), indican que es un silencio de aproximadamente tres segundos.

INICIO DE ENTRENAMIENTO EN PESF

Una vez grabada la técnica a usar y nos dispongamos a efectuarla, debemos ubicar un lugar medianamente silencioso y con bajo nivel de iluminación.
1. Sentarnos cómodamente en posición de meditación. (*)
2. Cerrar los ojos.
3. Escuchar la grabación hasta que termine la meditación.
(*) La posición de meditación debe ser cualquiera, pero que sea diferente a una posición habitual y debe repetirla en todas las técnicas a menos que expresamente se indique el tipo de posición.
Existen tres posiciones básicas:

- Posición 1: Sentado en silla inclinando ligeramente la cabeza y las manos en los muslos.
- Posición 2: Tendido de espaldas en el suelo con los brazos a los lados y palmas hacia arriba.
- Posición 3: Sentado en silla con pies cruzados (derecho sobre izquierdo) y manos con palmas hacia arriba (izquierda sobre derecha) tocándose los pulgares.

En resumen, la estructura del modelo de Percepción Ampliada de Conciencia contempla los siguientes elementos que ayudan a generan el proceso autonómico:

- un lugar medianamente silencioso y con bajo nivel de iluminación.
- Sentarnos cómodamente.
- Cerrar los ojos.
- fijación de un objetivo general por el instructor (verbal). Es la primera etapa del proceso autonómico. Debe quedar bien clara la definición de la intención para poder avanzar a la siguiente etapa.
- Elemento material o mental (Visualización) de sustento permanente de fijación de la atención.
- Interacción de un estímulo sensorial (música o sonido) con el elemento sustentador de la concentración.

Salida del proceso por el término del estímulo sensorial y/o instrucción del término de la meditación por parte del instructor.

I. MEDITACIÓN.[1]

El Programa de Meditación es un modelo modular de 7 ciclos de aprendizaje para el adulto, que entrega las herramientas necesarias para producir en el individuo un proceso de transformación personal, que le permite primero, reducir o eliminar sus bloqueos y tensiones a los que se ve expuesto; segundo, mejorar su energía y rendimiento laboral; tercero, liberar sus tensiones a través del entretenimiento virtual; cuarto, vivenciar otras formas de aprendizaje; quinto, manejar eficientemente su salud; sexto, un entrenamiento de otras formas de comunicación; y, por último, experimentar el Proceso de Evolución de la Conciencia. Por ello, el programa de meditación se divide en siete ciclos:

1° CICLO: "Relajación como medio de superar el estrés":

- Introducción a la meditación
- Relajación Progresiva
- Entrenamiento Autógeno
- Relajación del Sonido Primordial

2° CICLO: "Concentración y eficiencia":

- Meditación Concentrativa
- Meditación Mántrica
- Visualización Dirigida
- Visión Interior

3° CICLO: "Entretenimiento Virtual":

- Viaje Visionario
- Viaje de transformación
- Viajes en el Tiempo
- Caverna Visionaria

4° CICLO: "Superaprendizaje Virtual":

- Recuerdo de la Forma
- Olvido de la Forma

---

[1] Las técnicas de meditación, también se encuentran detalladas en el libro Cambio de sentido (2006) y en Explorando el cambio de conciencia (2016).

5° CICLO: "Supersalud Virtual":

- Integración Arquetípica

6° CICLO: "Entrenamiento en PES":

- Psicometría
- Clarividencia
- Telepatía

7° CICLO: **"Experiencias del ciclo evolutivo"**:

- Conciencia del Cosmos
- Conciencia del reino mineral
- Conciencia del reino animal
- Conciencia de nuestros ancestros (Preservación de la Vida)
- Conciencia del Ecosistema (Conservación de la Especie)
- Conciencia de la Emocionalidad
- Conciencia de la Visión Interior
- Conciencia del Vacío de las Formas

RELAJACION EMOCIONAL

APLICACIONES:

En Educación, Salud y Trabajo: estrés, relajación, concentración, memoria, agotamiento, angustia, ansiedad, cansancio, insomnio, nerviosismo, pesimismo, timidez, agresividad.

TECNICA:

(Módulo verbal)

Bien, ahora comenzaremos con la relajación.

El entrenamiento autógeno fue descubierto en el proceso hipnótico. Cuando la persona entra en trance, a menudo experimenta sensaciones de pesadez y cambios de temperatura del cuerpo de forma espontánea. Entonces se pensó que partiendo de estas sensaciones, se producía el trance. Esto es lo que vamos a conseguir con esta técnica.

Para esta técnica se requiere estar en una posición cómodamente sentados con los pies bien asentados en el piso, las manos sobre los muslos y la cabeza ligeramente inclinada hacia delante.

Bien, estamos en la posición correcta, la relajación termina al término de la música y de todas maneras yo los saco del proceso a la cuenta de tres.

El entrenamiento autógeno trabaja con imágenes. Debemos imaginar o visualizar algo que represente la sensación de peso en nuestro cuerpo y mantener solo esa visión. Por ejemplo, podemos imaginar tener un saco de papas en nuestros hombros o levantando pesas. Cada uno elegirá su propia imagen. Si nos desviamos de esta imagen, debemos volver a ella sin esfuerzo y dejarnos llevar por la música.

Ya sabemos en qué imagen pensaremos. Ahora cerremos los ojos y escuchemos la grabación.

(Módulo peri-transverbal)

Entrenamiento Autógeno (pausa3). Esta técnica permite controlar el sistema nervioso autónomo, que favorece la respuesta frente al estrés y del sistema inmunológico ante las enfermedades. Al término de la música, finaliza de todas maneras la relajación y si por alguna razón deseamos salir antes de ella, contaremos hasta tres y abriremos los ojos suavemente y moviéndonos suavemente daremos por terminada la meditación (pausa3). Debemos ahora imaginar o visualizar algún objeto que produzca la sensación de peso en nuestro cuerpo, sentir esa imagen de pesadez en nuestros brazos u hombros y dedicarnos solo a esta tarea de visualizar la imagen. Si nos desviamos de esta función, debemos volver a ella con tranquilidad (pausa3). Existen innumerables técnicas y métodos de relajación, sin embargo, una de las formas más eficaces de relajación es con ayuda de la música, pues la repetición prolongada de ciertos sonidos, ejerce una influencia sobre el ritmo cerebral que ayuda al que medita a lograr la concentración relajada que la meditación requiere (pausa3). Ahora, pongámonos cómodo en la posición de relajación y con la sensación de peso en nuestro cuerpo, cerremos los ojos y escuchemos la música (pausa3). (**Grabe música seleccionada**) (pausa5). La relajación ha terminado (pausa3) podemos abrir los ojos suavemente (pausa3) podemos movernos suavemente (pausa3) abramos los ojos suavemente (pausa2) movámonos suavemente (pausa2) estamos despiertos (pausa1). La relajación ha terminado.

RELAJACION FISICA

APLICACIONES:

En Educación, Salud y Trabajo: estrés, relajación, concentración, memoria, agotamiento, angustia, ansiedad, cansancio, nerviosismo, pesimismo, timidez, agresividad.

TECNICA:

(Módulo verbal)

Bien, ahora veremos una técnica orientada a nuestro cuerpo físico.

Esta técnica produce un profundo estado de relajación en todo el cuerpo. A medida que transcurre el día vamos acumulando tensiones o microtensiones en nuestros músculos, que es necesario liberar mediante esta técnica para recuperar nuestra energía.

La idea es recorrer nuestro cuerpo liberándonos paulatinamente de cada tensión muscular, produciéndonos tranquilidad y bienestar completo al término de la relajación.

(Módulo peri-transverbal)

Relajación Muscular Progresiva (pausa3). La relajación muscular progresiva consiste en ir relajando paulatinamente los músculos del cuerpo, desde los pies a la cabeza. Para ello, debemos efectuar para cada músculo, cuatro operaciones: TENSAR, MANTENER TENSION, SOLTAR TENSION y SENTIR RELAJACION (pausa3). Cada una de estas acciones en ese orden la hacemos por algunos segundos (pausa3). Al término de la música, finaliza de todas maneras la relajación y si por alguna razón deseamos salir antes de ella, contaremos hasta tres y abriremos los ojos suavemente y moviéndonos suavemente daremos por terminada la meditación (pausa3). Hemos visto que la música favorece la relajación. Sin embargo, una de las formas más eficaces para obtener una hiper-relajación consiste en hacer lo siguiente (pausa3). Pongámonos cómodos en posición de relajación (pausa2). Cerremos los ojos y prestemos gradualmente la atención a nuestro cuerpo, desde los pies hacia arriba, soltando todas las tensiones en este recorrido (pausa3). Escuchemos la música hasta el término de la relajación (pausa3) **(grabe música seleccionada)** (pausa5). La relajación ha terminado (pausa3) podemos abrir los ojos suavemente (pausa3) podemos movernos suavemente (pausa3) abramos los ojos suavemente (pausa2) movámonos suavemente (pausa2) estamos despiertos (pausa1). La relajación ha terminado.

RELAJACION MENTAL

APLICACIONES:

En Educación, Salud y Trabajo: estrés, relajación, concentración, memoria, agotamiento, angustia, ansiedad, cansancio, nerviosismo, pesimismo, timidez, agresividad.

TECNICA:

(Módulo verbal)

La relajación mental, es un complemento de la relajación física y emocional. Esta técnica permite liberarnos de muchas preocupaciones, dejándonos una sensación de trascendencia y de cambio de percepción con otras perspectivas, que facilitan la solución de los problemas.

La técnica de escuchar el sonido rítmico de un tambor o de la música, ha sido usada por todas las culturas del planeta durante tiempos ancestrales y tiene la facultad de transportarnos a otras realidades o campos de transformación personal. Tiene potencialmente efectos positivos y curativos que mejoran nuestra calidad de vida.

Ahora comencemos a meditar.

(Módulo peri-transverbal)

Meditación del Sonido Primordial (pausa3). El sonido rítmico y constante produce un adormecimiento del cuerpo físico y un estado de alerta de la conciencia que se traduce en un estado relajado de la mente (pausa3). Al término de la música, finaliza de todas maneras la meditación y si por alguna razón deseamos salir antes de ella, contaremos hasta tres y abriremos los ojos suavemente y moviéndonos suavemente daremos por terminada la meditación (pausa3). El chamán es una persona que viaja a la realidad no ordinaria en un estado alterado de conciencia, empleando para ello como instrumento el sonido rítmico del tambor (pausa3). Ahora, en posición de meditación, con los ojos cerrados iniciaremos nuestro viaje de aventuras (pausa3) **(Grabe música seleccionada)** (pausa5). La meditación ha terminado (pausa3) podemos abrir los ojos suavemente (pausa3) podemos movernos suavemente (pausa3) abramos los ojos suavemente (pausa2) movámonos suavemente (pausa2) estamos despiertos (pausa1). La meditación ha terminado.

MEDITACION AL TACTO

APLICACIONES:

En Educación, Salud y Trabajo: concentración, memoria, rendimiento, aprendizaje directo.

TECNICA:

(Módulo verbal)

Ahora comenzaremos a aprender a concentrarnos en todo lo que estemos haciendo en ese momento. Para efectuar esta acción bastará fijar la atención en un objeto, en este caso, relacionado con el tacto.

Toda nuestra acción de percepción estará centrada en el sentido del tacto del objeto de meditación. Dedicarnos a esta tarea, nos llevará a un estado profundo de abstracción y meditación que mejorará y afectará positivamente nuestra concentración y memoria derivado en un aumento de la eficiencia y productividad de nuestras labores.

(Módulo peri-transverbal)

Meditación Concentrativa (pausa3). El propósito de esta meditación, es incrementar el efecto de concentración y facilitar la manifestación de dos niveles de conciencia (pausa3): estado de presencia y de desidentificación de sí mismo. (pausa3). Al término de la música, finaliza de todas maneras la meditación y si por alguna razón deseamos salir antes de ella, contaremos hasta tres y abriremos los ojos suavemente y moviéndonos suavemente daremos por terminada la meditación (pausa3). Lo importante es, que pongamos toda nuestra atención en lo que estamos haciendo en el momento (pausa3).

Pongámonos cómodos en posición de relajación (pausa2). Cerremos los ojos y focalicemos nuestra atención en las sensaciones que produce el tocar y acariciar este objeto y mantengámonos solamente en esta tarea. (pausa3). Escuchemos la música hasta el término de la meditación (pausa3) (**grabe música seleccionada**) (pausa5). La meditación ha terminado (pausa3) podemos abrir los ojos suavemente (pausa3) podemos movernos suavemente (pausa3) abramos los ojos suavemente (pausa2) movámonos suavemente (pausa2) estamos despiertos (pausa1). La meditación ha terminado.

MEDITACION AL SONIDO

APLICACIONES:

En Educación, Salud y Trabajo: concentración, memoria, rendimiento.

TECNICA:

(Módulo verbal)

Esta técnica, de escuchar un sonido rítmico como es el mantra, produce también un aumento sustancial de la concentración, memoria y eficiencia. La técnica que ha sido empleada en algunas culturas orientales ha demostrado que ellas se caractericen notablemente por estas propiedades de la conciencia.

Para comenzar a meditar en el mantra debemos de trascender el significado de las palabras o sonidos escuchados y centrarnos más bien, en el ritmo que produce.

(Módulo peri-transverbal)

Meditación Mántrica (pausa3). El propósito del mantra es bloquear el pensamiento racional y lógico para que emerja un nuevo conocimiento de nuestra interioridad (pausa3). El mantra es una palabra o frase cantada repetidamente una y otra vez (pausa3). El objetivo de escuchar el mantra es sólo dedicarse a esta actividad de escuchar y si nos desviamos por alguna razón de ello, debemos volver nuevamente y no apartarnos de la conciencia del mantra (pausa3). Al término de la música, finaliza de todas maneras la meditación y si por alguna razón deseamos salir antes de ella, contaremos hasta tres y abriremos los ojos suavemente y moviéndonos suavemente daremos por terminada la meditación (pausa3). Ahora, colocándonos en posición de meditación, cerremos los ojos y comencemos a escuchar primero, el canto budista del Tíbet, siguiendo con el canto budista del Japón y terminando la meditación con el mantra de la compasión. (pausa3). (**Grabe música seleccionada**) (pausa5). La meditación ha terminado (pausa3) podemos abrir los ojos suavemente (pausa3) podemos movernos suavemente (pausa3) abramos los ojos suavemente (pausa2) movámonos suavemente (pausa2) estamos despiertos (pausa1). La meditación ha terminado.

MEDITACION DE VISUALIZACION

APLICACIONES:

En Educación, Salud y Trabajo: concentración, memoria, rendimiento.

TECNICA:

(Módulo verbal)

Otra forma de mejorar la eficiencia, conjuntamente con la concentración y memoria, es aprender a imaginar, o más bien visualizar una escena de una narración histórica, que facilita el acceso a la mente metafórica u holística del hemisferio derecho del cerebro.

Además la visualización regula y equilibra los ritmos cerebrales, de tal modo que nos hace participar de la globalidad de la mente.

(Módulo peri-transverbal)

Visualización Dirigida (pausa3). La "Visión Interior", no es más que una forma sencilla de hacer consciente el inconsciente, y consiste básicamente en que relajadamente, sin llegar a quedarse dormido, debemos con los ojos cerrados, concentrarnos en la respiración y en el cuerpo e intentar "ver" lo que ocurra al interior de nosotros mismos, sin ningún tipo de deseos y búsquedas, ni prejuicios y análisis de los acontecimientos. (pausa3) Antes de comenzar una sesión de "Visión Interior", debiéramos tomar conciencia del sentido de estar presentes, del proceso de trascender la identidad y de la capacidad de visualización (pausa3). Dentro de los argumentos escénicos recomendados para experimentar la visualización de imágenes, cabe mencionar la famosa carta enviada por el jefe Seattle al presidente Franklin Pierce en 1855 (pausa 2). "Lo que ocurre a la Tierra ocurrirá a los hijos de la Tierra" (pausa5) **(grabe Tema y música seleccionada)** (pausa5). La meditación ha terminado (pausa3) podemos abrir los ojos suavemente (pausa3) podemos movernos suavemente (pausa3) abramos los ojos suavemente (pausa2) movámonos suavemente (pausa2) estamos despiertos (pausa1). La meditación ha terminado.

VIAJE VISIONARIO

APLICACIONES:

En Educación, Salud y Trabajo: tolerancia de ambientes tensionales y capacidades de autodeterminación, de emprender cualquier labor y voluntad.

TECNICA:

(Módulo verbal)

La técnica del viaje a un lugar inhóspito, de aislamiento, ha sido una de las pruebas o ritos iniciáticos de algunas culturas, para enfrentarse el individuo a las fuerzas de su propia esencia.

El aislamiento favorece la liberación y el proceso de cambio emocional y mental. A pesar de que se ve enfrentado a una experiencia difícil y temerosa, al salir de ella encuentra una expansión y liberación de sus temores.

(Módulo peri-transverbal)

Viaje Visionario (pausa3). El primer viaje a la realidad no ordinaria puede realizarse manteniendo la mente libre de prejuicios y siguiendo la senda del chamán (pausa 3). Chamanismo, es una tradición extendida por todo el mundo de oriente y occidente y consiste simplemente en volver a nuestra naturaleza humana común, establecer de nuevo contacto con las plantas, los animales y con el propio planeta. (pausa3) Permite de un modo disciplinado que todo el mundo pueda recibir revelaciones espirituales, ayuda, conocimiento y sabiduría de las fuentes más elevadas de la realidad no ordinaria, una realidad llena de belleza y armonía (pausa3). Al término de la música, finaliza de todas maneras la meditación y si por alguna razón deseamos salir antes de ella, contaremos hasta tres y abriremos los ojos suavemente y moviéndonos suavemente daremos por terminada la meditación (pausa3). Ahora en posición de meditación, con los ojos cerrados, iniciaremos nuestro viaje de aventuras (pausa3). Cuatro de marzo de 1988. ¡Descubren fuente de la felicidad: Las acciones de los centros de investigación de la conciencia se van a las nubes! Estos titulares de la prensa sacudieron a la opinión pública al despertar esa mañana. Las indagaciones periodísticas, señalan que desde aproximadamente cinco años ocurrió un suceso que podría cambiar los destinos de la humanidad (pausa3). A mediados de 1983, un avión que se dirigía a Venezuela, desapareció en medio de la jungla amazónica. La historia de sus ocupantes no se conoció sino hasta comienzos de este año, fecha en que se revela a alto nivel, los alcances del descubrimiento señalado (pausa3). Veintitrés de Junio de 1983. Rex, con conocimientos de antropología, y que rara vez ha abandonado su país, se dirige hacia el aeropuerto de Santiago de Chile para viajar a un curso a efectuarse en Caracas, Venezuela (pausa3) (**grabe música seleccionada**) (pausa 5). A las 18 horas, del día treinta de junio, el no haber encontrado sobrevivientes se daría por terminada la búsqueda de los restos del avión (pausa3). Volvamos al veintitrés de junio de 1983. A las ocho horas despega el avión desde Santiago. Después, bajo el suave ritmo de la música, algunos nos relajamos y comenzamos a dormir (pausa3) (**grabe música seleccionada**) (pausa5). Alrededor de las catorce horas, se enciende luz de emergencia y comienza a precipitarse en picada la nave. Algunos pasajeros se desmayan, gritan o rezan. De pronto se produce un gran silencio como si comenzáramos a despertar de un sueño. Todo está inmóvil (pausa3). Pasada la tensión, comienzan los gritos, dolores y agradecimientos a Dios por estar vivos. Ese día, o lo que quedaba de día, comenzamos a organizarnos: saber cuántos estábamos en buenas condiciones; prestar ayuda a los heridos; verificar el instrumental de radio; alimentación disponible; racionamiento; buscar refugio (pausa3). Veinticuatro de junio. Intentamos recorrer en torno a nuestra morada. Es casi imposible penetrar más allá de treinta metros, dada la espesura de la jungla. Incluso sólo vemos los rayos de sol a través de los árboles (pausa3). Rex, que conoce de culturas chamánicas, sabe que el lugar donde se encuentra es su oportunidad ideal de practicar en profundidad las técnicas de alteración de conciencia: aislamiento personal en la selva, escuchar los sonidos puros de la naturaleza, como el silbido de los pájaros, el viento que mueve las hojas de los árboles, el zumbido de los insectos, el agua del arroyo, y el silencio y obscuridad de la selva (pausa3) (**grabe música seleccionada**) (pausa5). Veintinueve de junio. Todos los días transcurren similares. Temprano en la mañana como en la tarde, estamos en íntimo contacto con la naturaleza. Los sonidos nos cubren hasta penetrar en nuestros cuerpos. A veces pareciera que escuchamos en el fondo de la espesura del bosque melodías musicales o ruidos de tambor, sonidos todos que nos van introduciendo hacia otra realidad. La realidad del chamán. (pausa3) Las imágenes se suceden una tras otra y algunos de nosotros alcanzan un verdadero encuentro con lo trascendente. Es una danza de vibraciones, imágenes y sonidos que transforman la energía sensorial en psíquica (pausa3) (**grabe música seleccionada**) (pausa5). Treinta de junio. El último día. Se vislumbra la esperanza. Nos han localizado. Volvemos a la civilización igual que antes, pero con otra actitud, una actitud de haber vivido una hermosa experiencia de descubrimiento por nuestro viaje al interior de nosotros mismos. Descubrimos así, en la crisis vivida, testimonios de la felicidad (pausa3) (**grabe música seleccionada**) (pausa5). La meditación ha terminado (pausa3) podemos abrir los ojos suavemente (pausa3) podemos movernos suavemente (pausa3) abramos los ojos suavemente (pausa2) movámonos suavemente (pausa2) estamos despiertos (pausa1). La meditación ha terminado.

VIAJES DE TRANSFORMACION

APLICACIONES:

En Educación, Salud y Trabajo: mejora en relaciones con los demás; sentido de aceptación, despertar sentido ecológico, aceptación de limitaciones, aprendizaje directo.

TECNICA:

(Módulo verbal)

El adoptar un sentido ecológico y de identificación con la naturaleza, es una de las finalidades de esta técnica. El sentirse plenamente identificado con las formas animales es un sentido de trascendencia de la conciencia personal que produce profundas necesidades de aceptación y respeto de las opiniones ajenas.

El proceso de transformación de formas usado por nuestros ancestros en sus cavernas, era un medio de establecer una comunicación transpersonal con las especies y les permitía favorecer el contacto con los animales, para satisfacer sus necesidades de alimentación y vestuario.

Era una pre-paración mental y espiritual del proceso de la caza de animales.

(Módulo peri-transverbal)

Visualización Libre (pausa3). Para viajar a un lugar lejano, normalmente nos preparamos física, intelectual y mentalmente para ello. Disponemos de referencias del lugar donde llegaremos. También establecemos diversos contactos con personas antes, durante y después del viaje. Por último, hacemos el viaje en el cual vamos experimentando los distintos estados de emoción por el cambio de percepción de una nueva realidad que nos ofrece un ambiente desconocido (pausa 3). Viajar al interior de sí mismo, trae aparejado similares condiciones al de un viaje a otra ciudad o país desconocido. La preparación comienza con una relajación física y mental, excluyendo de la atención cualquier ejercicio intelectual, tratando de producir una especie de vacío mental. De ahí que, prácticamente carecemos de referencias personales que serían las más adecuadas para comprender estas experiencias (pausa3). Es un viaje por el mundo de la imaginación (pausa3). Ahora en posición de meditación, cerremos los ojos y comencemos a viajar (pausa2). Imaginémonos que somos un ave, pez o animal que más afinidad tengamos con aquel (pausa2). Entonces elijamos un "lugar de partida" conocido por nosotros, (pausa 2) dejemos que ese "ser imaginario" se deslice libremente por tierras conocidas o desconocidas. Quizás en sus comienzos nuestra imagen se "mueva" por nuestra propia voluntad, pero a medida que nos vayamos relajando parecerá que adquiere libertad para moverse sin nuestro control voluntario. Dejemos vagar la imaginación y veamos dónde nos lleva (pausa2). Asistiremos a una fantasía de un verdadero viaje por ese continente perdido de la imaginación (pausa2). Después de un proceso de varios minutos, imaginemos que nuestro amigo (ave, pez o animal) regresa al lugar de partida y "despertamos" felices de nuestro viaje (pausa5) (**grabe música seleccionada**) (pausa5). La meditación ha terminado (pausa3) podemos abrir los ojos suavemente (pausa3) podemos movernos suavemente (pausa3) abramos los ojos suavemente (pausa2) movámonos suavemente (pausa2) estamos despiertos (pausa1). La meditación ha terminado.

VIAJES EN EL TIEMPO

APLICACIONES:

En Educación, Salud y Trabajo: mejora en relaciones con los demás, despertar sentido ecológico, aceptación de limitaciones, aprendizaje directo.

TECNICA:

(Módulo verbal)

Ahora, nos adentraremos en una técnica que permite sentirnos estar presentes en otras épocas, conocer sus costumbres, sus vestuarios, y sus formas de vida. Podemos viajar a tiempos lejanos siendo observadores de las escenas que transcurren frente a nuestra visión, o tal vez, nos sintamos ser también participantes de la acción que se desarrolla en ese tiempo.
Debemos comprender, que esta facultad de viajar a otros tiempos está siempre presente para poder acceder a ella en condiciones adecuadas y que puede o no, significar que refleje o estemos rememorando una vida pasada de nuestra existencia.

Lo principal es que podemos obtener beneficios positivos de esta experiencia.

(Módulo peri-transverbal)

Viajes en el Tiempo (pausa3). Viajar a otras épocas, trae aparejado similares condiciones al de un viaje a otra ciudad o país desconocido. La preparación comienza con una relajación física y mental, excluyendo de la atención cualquier ejercicio intelectual (pausa5).

Hemos visto que la música favorece la relajación. Sin embargo, una de las formas más eficaces para obtener una hiper-relajación consiste en hacer lo siguiente (pausa3). Pongámonos cómodos en posición de relajación (pausa2). Cerremos los ojos y prestemos gradualmente la atención a nuestro cuerpo, desde los pies hacia arriba, soltando todas las tensiones en este recorrido (pausa3) (**Grabe música seleccionada**) (pausa 5). Ahora, para viajar a tiempos lejanos, estamos en un lugar de partida en otra época diferente de la actual. (pausa3) A medida que nos vayamos relajando y continúa la música, imaginaremos que las pausas de respiración escuchadas corresponden a entradas o puertas hacia otros tiempos (pausa3). Si deseamos cruzar estas entradas, bastará pedir permiso para ello y contar hasta tres (pausa 3). Si en cualquier momento deseamos terminar la regresión antes de que finalice la música, imaginaremos que regresamos al lugar de partida y contando hasta 5, relajadamente termina la meditación. (pausa5) (**grabe música seleccionada**) (pausa5). La meditación ha terminado (pausa3) podemos abrir los ojos suavemente(pausa3) podemos movernos suavemente (pausa3) abramos los ojos suavemente (pausa2) movámonos suavemente (pausa2) estamos despiertos (pausa1). La meditación ha terminado.

RECUERDO DE LA FORMA

APLICACIONES:

En Educación, Salud y Trabajo: mejora en relaciones con los demás, despertar sentido ecológico, aceptación de limitaciones.

TECNICA:

(Módulo verbal)

La observación de espejos, bolas de cristal, vasijas de agua, cristales y otros instrumentos de meditación han sido objetos, que facilitaron la apertura a la conciencia interior y de obtención de información fuera de los alcances de los sentidos.

Ahora veremos una técnica que contempla la visualización de espejos que facilitarán nuestra percepción en un ambiente de imágenes que orientarán nuestra visión interior.

(Módulo peri-transverbal)

El Espejo de la Mente (pausa3). La observación de un espejo en un estado relajado de la mente, permite el acceso a las profundidades de la conciencia (pausa3). Muchas culturas han utilizado este instrumento como puerta de entrada a otras dimensiones de la mente (pausa3). Ahora se sabe que para la estimulación con espejos, no tiene por qué ser necesario observarlo físicamente, sino que puede ser simplemente imaginado o percibido interiormente, y seguir produciendo cambios psicológicos importantes (pausa3). Entre las técnicas con espejos, se encuentra la meditación del **Recuerdo de la Forma** (pausa3). Entonces, ahora cerremos los ojos y comencemos a meditar (pausa2).

Para ello, primero imaginemos que nos sentamos en una cámara cubierta de espejos por todos lados, arriba, abajo, al frente, atrás, de tal modo que refleja nuestro cuerpo hasta el infinito (pausa2). Debemos hasta el final de la meditación mantener esta imagen, sin esfuerzo y dedicarnos solo a esta labor, de visualizar la forma del cuerpo reflejado en los espejos (pausa2). Ahora, visualizando la imagen del cuerpo en los espejos, déjese llevar por las sensaciones, escuchando la música hasta el término de la meditación (pausa5) **(grabe música seleccionada)** (pausa5). La meditación ha terminado (pausa3) podemos abrir los ojos suavemente (pausa3) podemos movernos suavemente (pausa3) abramos los ojos suavemente (pausa2) movámonos suavemente (pausa2) estamos despiertos (pausa1). La meditación ha terminado.

11

OLVIDO DE LA FORMA

APLICACIONES:

En Educación, Salud y Trabajo: mejora en relaciones con los demás, despertar sentido ecológico, aceptación de limitaciones.

TECNICA:

(Módulo verbal)

Durante gran parte de la historia, esta técnica en algunas de sus variantes era usada para obtener información y visiones de sucesos que ocurrieron o fueran a ocurrir en el futuro.

La técnica utilizada para obtener información, debe comenzar primero estableciendo una pregunta que resuma el contenido de lo que deseamos percibir en nuestra visión interior.

Si tenemos una pregunta a resolver, comencemos a meditar.

(Módulo peri-transverbal)

El Olvido de la Forma (pausa3). Es otra técnica que emplea como instrumento de observación los espejos (pausa3). Para comenzar, en posición de meditación, imaginemos que frente a nosotros se encuentra un espejo inclinado, de tal forma que solo vemos su superficie, sin reflejos de imágenes (pausa3). Nuestra tarea consiste en dejarse llevar por las sensaciones y solo dedicarse a observar la superficie del espejo hasta el término de la meditación (pausa3). Entonces, ahora cerremos los ojos, veamos el espejo en nuestra mente y miremos su superficie escuchando la música hasta que termine la meditación (pausa5) (**grabe música seleccionada**) (pausa5). La meditación ha terminado (pausa3) podemos abrir los ojos suavemente (pausa3) podemos movernos suavemente (pausa3) abramos los ojos suavemente (pausa2) movámonos suavemente (pausa2) estamos despiertos(pausa1). La meditación ha terminado.

12

LA CAVERNA VISIONARIA

APLICACIONES:

En Educación, Salud y Trabajo: mejora en relaciones con los demás, despertar sentido ecológico, aceptación de limitaciones, aprendizaje directo.

TECNICA:

(Módulo verbal)

La siguiente técnica es una de las más antiguas formas de acceso a la conciencia interior, pues era utilizada desde la aparición del hombre cuando estaban en sus cavernas iluminadas por sus fogatas en la profundidades de la tierra.

La naturaleza de la caverna, obscuridad, silencio, aislamiento y sonidos que alteran la conciencia era el instrumento ideal para producir estados especiales de conciencia que el primitivo utilizaba para satisfacer sus necesidades espirituales.

(Módulo peri-transverbal)

La Caverna Visionaria (pausa3). En todas las culturas de todos los tiempos, la caverna representaba el lugar ideal para acceder a los viajes y visiones de nuestros ancestros (pausa5). Bajo grandes monumentos, como las pirámides, existen frecuentemente cuevas o cavernas que, dada su naturaleza, de ser aisladas, oscuras y silenciosas, permiten que los sonidos rítmicos del tambor adquieran la propiedad especial de alterar nuestra percepción (pausa3). En este ambiente, las imágenes dibujadas en los muros sufren una transformación. Entonces, es el comienzo de las visiones y viajes del chamán (pausa 3). Si en cualquier momento deseamos terminar la regresión antes de que finalice la música, imaginaremos que regresamos al lugar de partida y contando hasta 5, relajadamente termina la meditación (pausa 5). Ahora, en posición de meditación, cerremos los ojos (pausa 5). Estamos en una cueva en la época de las cavernas. Nuestra ropa es sólo una piel de animal. Sostengo un palo en mis manos frente a una gran fogata que ilumina la cueva. Mi pelo está muy desordenado. Observamos las pinturas en los muros y escuchamos el sonido rítmico del tambor hasta el término de la meditación (pausa3) **(grabe música seleccionada)** (pausa 5). La meditación ha terminado (pausa3) podemos abrir los ojos suavemente (pausa3) podemos movernos suavemente (pausa3) abramos los ojos suavemente (pausa2) movámonos suavemente (pausa2) estamos despiertos (pausa1). La meditación ha terminado.

13

VISION INTERIOR

APLICACIONES:

En Educación, Salud y Trabajo: mejora en relaciones con los demás, despertar sentido ecológico, aceptación de limitaciones, diagnóstico psíquico.

TECNICA:

(Módulo Verbal y peri-transverbal)

Visión Interior (pausa3). Por primera vez, intentaremos ir más allá de intelectualizar y/o describir lo que nos sucede o pueda suceder durante el proceso de la visión interior, pues se puede decir mucho sobre la meditación de visión interior, pero esta actividad, nos alejaría de la iluminación. Más bien se debe vivir la visión interior (pausa3). Dado que la palabra agua, no moja ni quita la sed y el concepto de rosa no tiene la fragancia de una rosa, es muy difícil tratar de analizar lo que no está sujeto al análisis: emociones, sentimientos, experiencia vivencial, sincronicidad, acausalidad, trascendencia del espacio tiempo, percepción holística (pausa3). Por ello, desde este momento, comenzaremos la tarea de ir hacia el encuentro con el sí mismo, sin prejuicios, esperanzas y análisis de los diversos acontecimientos a los que nos podamos ver expuestos, mientras perdura el ejercicio de meditación. Sólo la experiencia vivencial de la emoción de visión interior, es lo único que puede mover los cimientos de la propia conciencia y que produzca un cambio duradero en nuestra forma de ser. Podemos conocer mucho acerca del cambio, pero para cambiar se necesita una impresión que estremezca nuestra psiquis. Esto es lo que vamos a buscar en el estado de visión interior. De ahí que, para ir más allá de la intelectualización del cambio, no baste con abstraerse del pensamiento, sino que debemos ir más allá del pensamiento. Más bien se trata de alcanzar un estado de olvido del pensamiento. Pero todo lo que hemos venido diciendo aquí es un proceso intelectual que es precisamente lo que no debemos hacer. Entonces, para olvidarnos de pensar, prestemos atención a la siguiente forma de meditar (pausa3). Pero antes, sepamos que si permanecemos así, por más o menos media hora, al salir de este estado de conciencia no ordinario, sabremos si hemos experimentado o no una experiencia de conciencia interior. Si tal cosa ocurre, ya no importará analizar nuestra meditación. Bastará nuestro recuerdo de haber sido testigo directo del cambio de conciencia (pausa3). Ahora en posición de meditación, pongámonos cómodos y sigamos las siguientes instrucciones (pausa3) cerremos los ojos, localicemos la respiración en el abdomen, prestemos atención a la respiración profunda en el punto elegido, sintamos el sonido de la música en nuestro cuerpo, veamos hacia el interior (pausa5) (**grabe música seleccionada**) (pausa5). La meditación ha terminado (pausa3) podemos abrir los ojos suavemente (pausa3) podemos movernos suavemente (pausa3) abramos los ojos suavemente (pausa2) movámonos suavemente (pausa2) estamos despiertos (pausa1). La meditación ha terminado.

14

INTEGRACION ARQUETIPICA

APLICACIONES:

En Educación, Salud y Trabajo: mejora en relaciones con los demás, despertar sentido ecológico, aceptación de limitaciones, integración de las disfunciones de la conciencia, preservación equilibrada de la salud, sabiduría y paz.

TECNICA:

(Módulo verbal y peri-transverbal)

Integración Arquetípica (pausa3). Existen ciertos indicios que se presentan en el comportamiento humano, tanto en estado de vigilia y sueños, en crisis y enfermedades, como en estados alterados de conciencia, espontáneos o producidos por técnicas de meditación, que producen algunos efectos fisiológicos y psicológicos o emocionales de forma estructurada, de tal modo, que es posible agruparlos en cuatro estructuras de comportamiento diferenciadas o formas de estructuras arquetípicas de conciencia (pausa3). Las estructuras arquetípicas de conciencia, tienen las características que comprenden los cuatro elementos de transformación de la alquimia medieval: aire, fuego, tierra y agua (pausa3). Desde un punto de vista transpersonal, estos elementos pueden tener un significado oculto, arquetípico, que tiene influencia en nuestro comportamiento inconsciente que se reflejan en nuestra conciencia prepersonal y personal de nuestra existencia. El hecho de identificarlas nos permite orientar y completar conscientemente el proceso de transformación de la conciencia mediante las técnicas de integración arquetípica de meditación (pausa5). Ahora, en posición de meditación, cerremos los ojos y escuchemos la música de sonidos arquetípicos básicos (pausa3)

(grabe música seleccionada) (pausa5). La meditación ha terminado (pausa3) podemos abrir los ojos suavemente (pausa3) podemos movernos suavemente (pausa3) abramos los ojos suavemente (pausa2) movámonos suavemente (pausa2) estamos despiertos (pausa1). La meditación ha terminado.

15

VIAJE DE EVOLUCION

APLICACIONES:

En Comunicación: Las experiencias de este proceso tienen como su principal objetivo alcanzar un nivel más alto de conciencia, el samadhi o unión con lo Divino. Es un emocionante recorrido por la **conciencia de evolución**, desde los orígenes del Cosmos hasta la aparición del hombre y su posterior desarrollo hacia el encuentro con lo Divino. El proceso comienza con la Conciencia de la **creación de los planetas y estrellas del Universo**. Le siguen la conciencia de la formación de los **minerales, vegetales y animales**. Luego llegamos a la conciencia primitiva de **preservación de la vida** del hombre de las cavernas. Continuamos con el espíritu de **conservación de la especie** en la toma de conciencia Ecológica. Desde aquí, entramos a la **conciencia emocional** de los mamíferos. Hasta este momento hemos avanzado por el mundo de las formas. Ahora, saltamos hacia el mundo de la **conciencia del vacío de las formas**, obteniendo en este punto la apertura de los centros energéticos para ser llenados por la conciencia divina. Al efectuar este recorrido del ciclo evolutivo de la conciencia, permitimos desbloquear los siete centros espirituales (chakras). El proceso en esencia es curativo y puede que se manifiesten sensaciones de energía y emociones que pueden llegar al éxtasis.

TECNICAS DEL PROCESO:

INTRODUCCION:

VIAJE DE EVOLUCION: Las experiencias de este proceso tienen como su principal objetivo alcanzar un nivel más alto de conciencia, el samadhi o unión con lo Divino. Es un emocionante recorrido por la **conciencia de evolución**, desde los orígenes del Cosmos hasta la aparición del hombre y su posterior desarrollo hacia el encuentro con lo divino. El proceso comienza con la Conciencia de la creación de los planetas y estrellas del Universo. Le siguen la conciencia de formación de los minerales, vegetales y animales. Luego llegamos a la conciencia primitiva de preservación de la vida en el hombre de las cavernas. Continuamos con el espíritu de conservación de la especie en la toma de conciencia ecológica. Desde aquí, entramos a la conciencia multiemocional de los mamíferos. Hasta este momento hemos avanzado por el mundo de las formas. Ahora, saltamos hacia el mundo de la conciencia del vacío de las formas, obteniendo en este punto la apertura de los centros energéticos para ser llenados por la conciencia divina. Al efectuar este recorrido evolutivo de la conciencia, permitimos desbloquear los siete centros espirituales (chakras). El proceso en esencia es curativo y puede que se manifiesten sensaciones de energía y emociones que pueden llegar al éxtasis.

(Módulo Verbal)

Visión Interior (pausa3). Por primera vez, intentaremos ir más allá de intelectualizar y/o describir lo que nos sucede o pueda suceder durante el proceso de la visión interior, pues se puede decir mucho sobre la meditación de visión interior, pero esta actividad, nos alejaría de la iluminación. Más bien se debe vivir la visión interior (pausa3). Dado que la palabra agua, no moja ni quita la sed y el concepto de rosa no tiene la fragancia de una rosa, es muy difícil tratar de analizar lo que no está sujeto al análisis: emociones, sentimientos, experiencia vivencial, sincronicidad, acausalidad, trascendencia del espacio tiempo, percepción holística (pausa3). Por ello, desde este momento, comenzaremos la tarea de ir hacia el encuentro con el sí mismo, sin prejuicios, esperanzas y análisis de los diversos acontecimientos a los que nos podamos ver expuestos, mientras perdura el ejercicio de meditación. Sólo la experiencia vivencial de la emoción de visión interior, es lo único que puede mover los cimientos de la propia conciencia y que produzca un cambio duradero en nuestra forma de ser. Podemos conocer mucho acerca del cambio, pero para cambiar se necesita una impresión que estremezca nuestra psiquis. Esto es lo que vamos a buscar en el estado de visión interior. De ahí que, para ir más allá de la intelectualización del cambio, no baste con abstraerse del pensamiento, sino que debemos ir más allá del pensamiento. Más bien se trata de alcanzar un estado de olvido del pensamiento. Pero todo lo que hemos venido diciendo aquí es un proceso intelectual que es precisamente lo que no debemos hacer. Entonces, para olvidarnos de pensar, prestemos atención a la siguiente forma de meditar (pausa3). Pero antes, sepamos que si permanecemos así, por más o menos media hora, al salir de este estado de conciencia no ordinario, sabremos si hemos experimentado o no una experiencia de conciencia interior. Si tal cosa ocurre, ya no importará analizar nuestra meditación. Bastará nuestro recuerdo de haber sido testigo directo del cambio de conciencia (pausa5).

1.- TECNICA:

(Módulo verbal)

Ahora iniciaremos nuestro viaje evolutivo de la conciencia. Comenzaremos a imaginarnos que vamos viajando velozmente, como una luz por el cosmos e iremos viendo estrellas y planetas en la inmensidad del Universo. En este viaje alucinante irán apareciendo astros que en la infinidad del tiempo, han dado origen a nuestro sistema solar y a nuestra casa La Tierra, un pequeño hermoso planeta en la inmensidad del Cosmos.

(Módulo peri-transverbal)

Viaje por el Cosmos (pausa3). El viaje por el Universo permite que emerja de nuestra interioridad un conocimiento de los orígenes de la

Conciencia primordial (pausa3). Mantengamos el sonido y la imagen de la formación del universo repetidamente una y otra vez (pausa3). El objetivo de este viaje, es ver la imagen y escuchar el sonido y sólo dedicarse a esta actividad, y si por alguna razón nos desviamos de ello debemos, volver nuevamente y no apartarnos de la conciencia del cosmos (pausa 3). Al término de la música, finaliza de todas maneras la meditación y si por alguna razón deseamos salir antes de ella, contaremos hasta tres y abriremos los ojos suavemente y moviéndonos suavemente daremos por terminada la meditación (pausa3). Ahora, colocándonos en posición de meditación, cerremos los ojos y comencemos a escuchar el sonido, visualizando la imagen del universo hasta el término de la meditación (pausa3) (**Grabe música seleccionada**) (pausa5). La meditación ha terminado (pausa3) podemos abrir los ojos suavemente (pausa3) podemos movernos suavemente (pausa3) abramos los ojos suavemente (pausa2) movámonos suavemente (pausa2) estamos despiertos (pausa1). La meditación ha terminado.

2.- TECNICA:

(Módulo verbal)

Ahora comenzaremos a aprender a concentrarnos en todo lo que estemos haciendo en ese momento. Para efectuar esta acción bastará fijar la atención en un objeto, en este caso, relacionado con el tacto.

Toda nuestra acción de percepción estará centrada en el sentido del tacto del objeto de meditación. Dedicarnos a esta tarea, nos llevará a un estado profundo de abstracción y meditación que mejorará y afectará positivamente nuestra concentración y memoria derivado en un aumento de la eficiencia y productividad de nuestras labores.

(Módulo peri-transverbal)

Meditación Concentrativa (pausa3). El propósito de esta meditación, es incrementar el efecto de concentración y facilitar la manifestación de dos niveles de conciencia (pausa3): estado de presencia y de desidentificación de sí mismo (pausa3). Al término de la música, finaliza de todas maneras la meditación y si por alguna razón deseamos salir antes de ella, contaremos hasta tres y abriremos los ojos suavemente y moviéndonos suavemente daremos por terminada la meditación (pausa3). Lo importante es, que pongamos toda nuestra atención en lo que estamos haciendo en el momento (pausa3). Pongámonos cómodos en posición de relajación (pausa2). Cerremos los ojos y focalicemos nuestra atención en las sensaciones que produce el tocar y acariciar este objeto y mantengámonos solamente en esta tarea (pausa3). Escuchemos la música hasta el término de la meditación (pausa3) (**grabe música seleccionada**) (pausa 5). La meditación ha terminado (pausa3) podemos abrir los ojos suavemente (pausa3) podemos movernos suavemente (pausa3) abramos los ojos suavemente (pausa2) movámonos suavemente (pausa2) estamos despiertos (pausa1). La meditación ha terminado.

3.- TECNICA:

(Módulo verbal)

Otra forma de mejorar la eficiencia, conjuntamente con la concentración y memoria, es aprender a imaginar, o más bien visualizar una escena de una narración histórica, que facilita el acceso a la mente metafórica u holística del hemisferio derecho del cerebro.

Además la visualización regula y equilibra los ritmos cerebrales, de tal modo que nos hace participar de la globalidad de la mente.

(Módulo peri-transverbal)

Visualización Dirigida (pausa3). La "Visión Interior", no es más que una forma sencilla de hacer consciente el inconsciente, y consiste básicamente en que relajadamente, sin llegar a quedarse dormido, debemos con los ojos cerrados, concentrarnos en la respiración y en el cuerpo e intentar "ver" lo que ocurra al interior de nosotros mismos, sin ningún tipo de deseos y búsquedas, ni prejuicios y análisis de los acontecimientos (pausa3). Antes de comenzar una sesión de "Visión Interior", debiéramos tomar conciencia del sentido de estar presentes, del proceso de trascender la identidad y de la capacidad de visualización (pausa3). Dentro de los argumentos escénicos recomendados para experimentar la visualización de imágenes, cabe mencionar la famosa carta enviada por el jefe Seattle al presidente Franklin Pierce en 1855 (pausa2) "Lo que ocurre a la Tierra ocurrirá a los hijos de la Tierra" (pausa5) (**grabe Tema y música seleccionada**) (pausa5). La meditación ha terminado (pausa3) podemos abrir los ojos suavemente (pausa3) podemos movernos suavemente (pausa3) abramos los ojos suavemente (pausa2) movámonos suavemente (pausa2) estamos despiertos (pausa1). La meditación ha terminado.

4.- TECNICA:

(Módulo verbal)

El adoptar un sentido ecológico y de identificación con la naturaleza, es una de las finalidades de esta técnica. El sentirse plenamente identificado con las formas animales es un sentido de trascendencia de la conciencia personal que produce profundas necesidades de aceptación y respeto de las opiniones ajenas.

El proceso de transformación de formas usado por nuestros ancestros en sus cavernas, era un medio de establecer una comunicación transpersonal con las especies y les permitía favorecer el contacto con los animales, para satisfacer sus necesidades de alimentación y vestuario.

Era una pre-paración mental y espiritual del proceso de la caza de animales.

(Módulo peri-transverbal)

Visualización Libre (pausa3). Para viajar a un lugar lejano, normalmente nos preparamos física, intelectual y mentalmente para ello. Disponemos de referencias del lugar donde llegaremos. También establecemos diversos contactos con personas antes, durante y después del viaje. Por último, hacemos el viaje en el cual vamos experimentando los distintos estados de emoción por el cambio de percepción de una nueva realidad que nos ofrece un ambiente desconocido (pausa3). Viajar al interior de sí mismo, trae aparejado similares condiciones al de un viaje a otra ciudad o país desconocido. La preparación comienza con una relajación física y mental, excluyendo de la atención cualquier ejercicio intelectual, tratando de producir una especie de vacío mental. De ahí que, prácticamente carecemos de referencias personales que serían las más adecuadas para comprender estas experiencias (pausa3). Es un viaje por el mundo de la imaginación (pausa3). Ahora en posición de meditación, cerremos los ojos y comencemos a viajar (pausa2). Imaginémonos que somos un ave, pez o animal que más afinidad tengamos con aquel (pausa2). Entonces elijamos un "lugar de partida" conocido por nosotros, (pausa2) dejemos que ese "ser imaginario" se deslice libremente por tierras conocidas o desconocidas. Quizás en sus comienzos nuestra imagen se "mueva" por nuestra propia voluntad, pero a medida que nos vayamos relajando parecerá que adquiere libertad para moverse sin nuestro control voluntario. Dejemos vagar la imaginación y veamos dónde nos lleva (pausa2). Asistiremos a una fantasía de un verdadero viaje por ese continente perdido de la imaginación (pausa2). Después de un proceso de varios minutos, imaginemos que nuestro amigo (ave, pez o animal) regresa al lugar de partida y "despertamos" felices de nuestro viaje (pausa5) (**grabe música seleccionada**) (pausa5). La meditación ha terminado (pausa3) podemos abrir los ojos suavemente (pausa3) podemos movernos suavemente (pausa3) abramos los ojos suavemente (pausa2) movámonos suavemente (pausa2) estamos despiertos (pausa1). La meditación ha terminado.

5.- TECNICA:

Apertura del Primer Centro Energético

(Módulo verbal)

La siguiente técnica es una de las más antiguas formas de acceso a la conciencia interior, pues era utilizada desde la aparición del hombre cuando estaban en sus cavernas iluminadas por sus fogatas en las profundidades de la tierra.

La naturaleza de la caverna, obscuridad, silencio, aislamiento y sonidos que alteran la conciencia era el instrumento ideal para producir estados especiales de conciencia que el primitivo utilizaba para satisfacer sus necesidades espirituales.

(Módulo peri-transverbal)

La Caverna Visionaria (pausa3). En todas las culturas de todos los tiempos, la caverna representaba el lugar ideal para acceder a los viajes y visiones de nuestros ancestros (pausa5). Bajo grandes monumentos, como las pirámides, existen frecuentemente cuevas o cavernas que, dada su naturaleza, de ser aisladas, oscuras y silenciosas, permiten que los sonidos rítmicos del tambor adquieran la propiedad especial de alterar nuestra percepción (pausa3). En este ambiente, las imágenes dibujadas en los muros sufren una transformación. Entonces, es el comienzo de las visiones y viajes del chamán (pausa5). Ahora, en posición de meditación, cerremos los ojos. (pausa5). **Estamos en una cueva** en la época de las cavernas. Nuestra ropa es sólo una piel de animal. Sostengo un palo en mis manos frente a una gran fogata que ilumina la cueva. Mi pelo está muy desordenado. Observamos las pinturas en los muros y escuchamos el sonido rítmico del tambor hasta el término de la meditación (pausa3) (**grabe música seleccionada**) (pausa5). La meditación ha terminado (pausa3) podemos abrir los ojos suavemente (pausa3) podemos movernos suavemente (pausa3) abramos los ojos suavemente (pausa2) movámonos suavemente (pausa2) estamos despiertos(pausa1). La meditación ha terminado.

6.- TECNICA:

Apertura del Segundo Centro Energético

(Módulo verbal)

Hemos aprendido a viajar a otros lugares y a transformarnos en otras especies, como aves, animales o peces. Por último, tuvimos la experiencia de trascender nuestra identidad al identificarnos con otras personas en distintas épocas. Entonces, ya podemos visualizar una relación grupal que permita "sentir por los demás" las sensaciones y emociones que recorren por sus cuerpos y mentes, sensaciones todas que son la base de la conservación de la especie y subliminación de la energía kundalini.

(Módulo peri-transverbal)

La **Conciencia Grupal** es una técnica orientada a compartir en forma virtual la energía de conciencia de un grupo de personas (pausa3). Nos hemos ido preparando para meditar con las formas energéticas de conciencia grupal (pausa3). Para comenzar a identificarnos con la conciencia grupal, debemos imaginar a un líder de un grupo, en cualquier época (pausa3). Cuando nos concentremos en el sonido de la música, se profundizará la meditación, y comenzaremos a identificarnos con el jefe o líder del grupo (pausa5). Entonces, en cualquier momento, escuchando la música, **estaremos conscientes de**

nuestro grupo en el mundo de las formas humanas. (pausa5). Ahora, como líderes de un grupo, escuchemos la música hasta el término de la meditación (**grabe música seleccionada**) (pausa5). La meditación ha terminado (pausa3) podemos abrir los ojos suavemente (pausa3) podemos movernos suavemente (pausa3) abramos los ojos suavemente (pausa2) movámonos suavemente (pausa2) estamos despiertos(pausa1). La meditación ha terminado.

7.- TECNICA:

Apertura del Tercer al Sexto Centro Energético

(Módulo peri-transverbal)

Integración Arquetípica (pausa3). Existen ciertos indicios que se presentan en el comportamiento humano, tanto en estado de vigilia y sueños, en crisis y enfermedades, como en estados alterados de conciencia, espontáneos o producidos por técnicas de meditación, que producen algunos efectos fisiológicos y psicológicos o emocionales de forma estructurada, de tal modo, que es posible agruparlos en cuatro estructuras de comportamiento diferenciadas o formas de estructuras arquetípicas de conciencia (pausa3). Las estructuras arquetípicas de conciencia, tienen las características que comprenden los cuatro elementos de transformación de la alquimia medieval: **aire, fuego, tierra y agua** (pausa3). Desde un punto de vista transpersonal, estos elementos pueden tener un significado oculto, arquetípico, que tiene influencia en nuestro comportamiento inconsciente que se reflejan en nuestra conciencia prepersonal y personal de nuestra existencia. El hecho de identificarlas nos permite orientar y completar conscientemente el proceso de transformación de la conciencia mediante las técnicas de integración arquetípica de meditación (pausa5). Si en cualquier momento deseamos terminar la regresión antes de que finalice la música, imaginaremos que regresamos al lugar de partida y contando hasta 5, relajadamente termina la meditación (pausa5). Ahora, **escuchemos la música de sonidos arquetípicos** básicos. (pausa3) (**grabe música seleccionada**) (pausa5). La meditación ha terminado (pausa3) podemos abrir los ojos suavemente (pausa3) podemos movernos suavemente (pausa3) abramos los ojos suavemente (pausa2) movámonos suavemente (pausa2) estamos despiertos(pausa1). La meditación ha terminado.

8.- TECNICA:

Apertura del Séptimo Centro Energético

(Módulo peri-transverbal)

Hasta el momento, hemos viajado en los seis centros energéticos que nos conectan con los distintos universos de las formas (pausa3). Ahora, cerremos los ojos, localicemos la respiración en el abdomen, prestemos atención a la respiración profunda en el punto elegido, sintamos el sonido de la música en nuestro cuerpo, **veamos hacia el interior** (pausa5) (**grabe música seleccionada**) (pausa5). La meditación ha terminado (pausa3) podemos abrir los ojos suavemente (pausa3) podemos movernos suavemente (pausa3) abramos los ojos suavemente (pausa2) movámonos suavemente (pausa2) estamos despiertos (pausa1). La meditación ha terminado.

9.- TECNICA:

Más Allá de la Apertura de los Centros Energéticos

(Módulo peri-transverbal)

Hemos ascendido desde la oscuridad de las cavernas hasta las alturas divinas del cosmos (pausa3). Hemos experimentado una transformación en este proceso (pausa3). Nos hemos purificado durante este viaje interior. Ahora estamos listos para recibir la presencia divina (pausa3). Para ello debemos imaginar que somos "como un bambú hueco y vacío por dentro". Nuestro cuerpo, con la apertura de los centros energéticos, está vacío por dentro para ser llenado por una energía divina (pausa3). Sólo necesitamos simplemente identificarnos con el bambú hueco, que recibe la energía divina (pausa3). Entonces, en posición de meditación, sin esperar nada más que el ser un bambú, escuchemos la música hasta el término de la meditación. (pausa5) (**grabe música seleccionada**) (pausa5). La meditación ha terminado (pausa3) podemos abrir los ojos suavemente (pausa3) podemos movernos suavemente (pausa3) abramos los ojos suavemente (pausa2) movámonos suavemente (pausa2) estamos despiertos(pausa1). La meditación ha terminado.

16

PSICOMETRIA

APLICACIONES:

En Educación, Salud y Trabajo: sentido de trascendencia, autoconfianza, intuición, clarividencia y percepción psíquica.

TECNICA:

(Módulo verbal)

La comunicación transpersonal es una de las formas de ponernos en contacto con la multiplicidad de las formas de la naturaleza. Hemos visto que podemos comunicarnos con animales, aves o peces. Ahora nos comunicaremos con un objeto, más bien con la historia de este objeto. Existe una técnica que permite tener visiones de la relación existente entre un objeto y su dueño.

(Módulo peri-transverbal)

Psicometría (pausa3). A medida que fuimos aprendiendo a meditar y relajarnos, directa e indirectamente hemos estado entrenándonos en la Percepción Extrasensorial. Se sabe que estas técnicas contribuyen al acceso a la Percepción Extrasensorial, pues se obtienen los estados de conciencia y condiciones psicológicas óptimas y necesarias para facilitar el entrenamiento de la Percepción Extrasensorial (pausa 3). Gracias al aprendizaje en la concentración y visualización, estamos ahora en condiciones adecuadas para obtener información de un objeto (pausa 3). Esta técnica, la Psicometría, permite que un objeto de otra persona pueda proporcionarnos respuestas a nuestras preguntas referidas a su dueño. Para ello, en posición de meditación, tomando el objeto y observándolo en nuestras manos, le haremos una pregunta, cerraremos los ojos acariciando y tocando el objeto y debemos permanecer así mientras perdura el ejercicio de meditación (pausa3) **(grabe música seleccionada)** (pausa5). La meditación ha terminado (pausa3) podemos abrir los ojos suavemente (pausa3) podemos movernos suavemente (pausa3) abramos los ojos suavemente (pausa2) movámonos suavemente (pausa2) estamos despiertos (pausa1). La meditación ha terminado.

17

VISION DERMICA

APLICACIONES:

En Educación, Salud y Trabajo: autoconfianza, intuición, clarividencia y percepción psíquica, sentido de trascendencia.

TECNICA:

(Módulo verbal)

La siguiente técnica es otra variante para obtener información transpersonal mediante el tacto. Si la psicometría nos permitió conocer la historia de un objeto, con la visión dérmica podemos "ver" a través del tacto el contenido de un objeto.

(Módulo peri-transverbal)

Visión Dérmica (pausa3). Ya nos hemos estado entrenándonos en la obtención de información de un objeto (pausa 3). Ahora podremos recibir respuestas a nuestras preguntas mediante la visión a través de nuestro tacto. Para ello, en posición de meditación, tomando un libro, le haremos la pregunta sobre su contenido, cerraremos los ojos acariciando y tocando el objeto y debemos permanecer así mientras perdura el ejercicio de meditación (pausa3) (**grabe música seleccionada**) (pausa5). La meditación ha terminado (pausa3) podemos abrir los ojos suavemente (pausa3) podemos movernos suavemente (pausa3) abramos los ojos suavemente (pausa2) movámonos suavemente (pausa2) estamos despiertos (pausa1). La meditación ha terminado.

TELEPATIA

APLICACIONES:

En Educación, Salud y Trabajo: mejora y facilita la comunicación con los demás, despertar sentido de atracción en los demás, sentido de trascendencia.

TECNICA:

(Módulo verbal)

Si hemos podido comunicarnos con nuestro tacto, es también posible comunicarnos mentalmente con otra persona. Es un proceso de identificación y de adopción de la conciencia dual. Permite la percepción de los pensamientos y sentimientos de otras personas.

(Módulo peri-transverbal)

Telepatía (pausa3). La telepatía, es una forma de comunicación entre dos personas sin participación de gestos, palabras e independiente de la distancia y el tiempo que las separa (pausa 3). Con el aprendizaje en visualización libre y viajes en el tiempo, estamos en condiciones óptimas para comunicarnos con una persona que pensemos en ella (pausa 3). Para esto, en posición de meditación, imaginando a la persona que deseamos comunicarnos, compartamos algún sentimiento con ella (pausa 3). Cerremos los ojos y escuchemos el sonido rítmico de la música, hasta el término de la meditación (pausa3) (**grabe música seleccionada**) (pausa5). La meditación ha terminado (pausa3) podemos abrir los ojos suavemente (pausa3) podemos movernos suavemente (pausa3) abramos los ojos suavemente (pausa2) movámonos suavemente (pausa2) estamos despiertos (pausa1). La meditación ha terminado.

EJEMPLO DE TALLER DE MEDITACION.

A manera de ejemplarizar una sesión de meditación, a continuación se describe el proceso desarrollado en un taller de meditación:

Los participantes se encuentran ubicados en sus sillas esperando que comience el taller de meditación. El guía, mientras tanto ha preparado un ambiente de aquietamiento de los participantes, mediante música suave y tranquilizadora, de tal modo que "abandonen" los pensamientos y preocupaciones que traían los sujetos desde el exterior del lugar y/o de las actividades del día. Si no conocían al guía, se hacen las presentaciones correspondientes.

Una vez que se note que hay más calma en el ambiente, se inicia el proceso de la meditación.

Bueno, este taller es un programa modular de meditación. Se le conoce como programa de Educación sin Fronteras bajo el modelo Cread 90. Es un programa modular, porque comprende varias etapas y cada una de ella nos prepara y evoluciona para acceder a la siguiente. Es un programa de educación sin fronteras, porque es un proceso de aprendizaje continuo y se trascienden todas las fronteras o límites de la conciencia, de la identidad, del espacio y del tiempo. Es un modelo Cread 90, porque comprende cuatro formas de meditar, por Concentración, Relajación, Aventura imaginativa (visualización) y Desidentificación, bajo una Estructura de la conciencia (disipativa). El símbolo 90, es por dos motivos: porque el modelo fue desarrollado a fines de los ochenta para ser usado desde los noventa y 90 minutos, es el ciclo completo que experimentamos durante el proceso de dormir y soñar.

Comenzaremos con el módulo de la relajación. Existen tres formas de relajarse orientadas a la parte física, emocional y mental. La relajación muscular progresiva, el entrenamiento autógeno y la relajación del sonido primordial cumplen esos objetivos.

El segundo módulo de la meditación, persigue aprender a concentrarnos. La concentración la efectuamos de tres formas. Primero, una concentración con el tacto, después en el sonido y por último en una imagen. La meditación concentrativa, mántrica y visualización dirigida son las técnicas de este módulo. En la última técnica nos identificamos plenamente con la naturaleza.

El tercer módulo de aprendizaje, es un "viaje" de trascendencia de la conciencia. Comenzamos con un viaje visionario, después un viaje de visualización libre y por último, un viaje por el tiempo. Estas experiencias nos permiten trascender el espacio viajando a un lugar desconocido y en soledad. Las culturas antiguas envían a los jóvenes a lugares solitarios para que se enfrenten a su propia naturaleza. Después, trascendemos la identidad, identificándonos con aves, peces o animales. Al término de este módulo viajamos a otros tiempos y lugares, como una regresión.

El cuarto módulo, nos permite conocer y experimentar con una técnica de sanación, la integración arquetípica y terminamos el taller con una experiencia de entrenamiento en la Percepción Extrasensorial mediante la psicometría, la visión dérmica y la telepatía.

Bien, ahora comenzaremos con la relajación.

El entrenamiento autógeno fue descubierto en el proceso hipnótico. Cuando la persona entra en trance, a menudo experimenta sensaciones de pesadez y cambios de temperatura del cuerpo de forma espontánea. Entonces se pensó que partiendo de estas sensaciones, se producía el trance. Esto es lo que vamos a conseguir con esta técnica.

Para esta técnica se requiere estar en una posición cómodamente sentados con los pies bien asentados en el piso, las manos sobre los muslos y la cabeza ligeramente inclinada hacia delante.

Explicamos personalmente la forma de sentarse.

Bien, estamos en la posición correcta, la relajación termina al término de la música y de todas maneras yo los saco del proceso a la cuenta de tres.

El entrenamiento autógeno trabaja con imágenes. Debemos imaginar o visualizar algo que represente la sensación de peso en nuestro cuerpo y mantener solo esa visión. Por ejemplo, podemos imaginar tener un saco de papas en nuestros hombros o levantando pesas. Cada uno elegirá su propia imagen. Si nos desviamos de esta imagen, debemos volver a ella sin esfuerzo y dejarnos llevar por la música.

Ya sabemos en qué imagen pensaremos. Ahora cerremos los ojos y escuchemos la grabación.

Entrenamiento Autógeno. *(pausa3) Esta técnica permite controlar el sistema nervioso autónomo, que favorece la respuesta frente al estrés y del sistema inmunológico ante las enfermedades. Al término de la música, finaliza de todas maneras la relajación y si por alguna razón deseamos salir antes de ella, contaremos hasta tres y abriremos los ojos suavemente y moviéndonos suavemente daremos por terminada la meditación(pausa3). Debemos ahora imaginar o visualizar algún objeto que produzca la sensación de peso en nuestro cuerpo, sentir esa imagen de pesadez en nuestros brazos u hombros y dedicarnos solo a esta tarea de visualizar la imagen. Si nos desviamos de esta función, debemos volver a ella con tranquilidad(pausa3). Existen innumerables técnicas y métodos de relajación, sin embargo, una de las formas más eficaces de relajación es con ayuda de la música, pues la repetición prolongada de ciertos sonidos, ejerce una influencia sobre el ritmo cerebral que ayuda al que medita a lograr la concentración relajada que la meditación requiere(pausa3). Ahora, pongámonos cómodo en la posición de relajación y con la sensación de peso en nuestro cuerpo, cerremos los ojos y escuchemos la música (pausa3).* **(Grabe música seleccionada)***(pausa 5). La relajación ha terminado(pausa3)podemos abrir los ojos suavemente(pausa3) podemos movernos suavemente(pausa3)abramos los ojos suavemente(pausa2) movámonos suavemente(pausa2)estamos despiertos(pausa1)La relajación ha terminado.*

Dejamos un breve instante que los sujetos se recuperen del proceso, pues han permanecido en un estado de mucha relajación y sopor o sueño.

Bien, ¿cómo nos fue?

¿Alguien quiere compartir su experiencia?

Aparentemente no logré una total relajación. Sentí en las manos y los pies una sensación de adormecimiento. Vi imágenes de unos carros de tren que pasaban y se perdían en la obscuridad. Vi pasar una rubia en una especie de camión que pasaba a llevar a otro sin respetar la señalización.

Muy bien, ¿Alguien más?

Mi experiencia de relajación fue muy cómoda y placentera; visualicé mucha agua, mar tranquilo y con olas muy tormentosas; volvía a mi peso en la espalda y eso me hacía sentir agradable y vi en un camino muy largo y polvoriento un camión grande.

Como vemos, podemos tener visiones que van más allá de las imágenes de peso.

¿Quién más quiere compartir?

La música me fue produciendo un estado de agrado; una vez colocada la posición de relajamiento, sentí que iba perdiendo los sonidos exteriores que oía en ese momento; después, empecé a sentir como si flotara en plácidos movimientos, de gran suavidad, casi con movimientos muy lentos; fue una experiencia muy agradable.

Aquellos que no han tenido visiones, puede que con otras técnicas pueda irles mejor. Compartir estas experiencias ayuda a reforzar el proceso. ¿Alguien más quiere decir algo?

La pesadez la sentí en los brazos, en el cual sentía el peso de los brazos hacia las piernas, pero después empecé a sentir liviandad en los brazos y esto empezó desde las manos hacia los hombros y al mismo tiempo empecé a sentir la cabeza que se iba hacia delante, pero la cabeza no me pesaba.

El último, ¿quiere alguien más compartir su experiencia?

Concentración inmediata, agrado por la música, pesadez en las manos y no en los pies. Desconcentración por algo externo. Sentí que la cabeza se me iba lentamente hacia atrás sola sin quererlo yo y muy pesada, cuando quise volverla a mi posición me sentí algo como mareada y el cuerpo muy pesado. Tenía los ojos cerrados, pero me veía en esta misma habitación, a ratos veía imágenes como una nubosidad y un camino en medio de esta y ruidos de agua fluyendo; en otro momento sentí como un susto y una angustia al sentir la disminución de la música; vi un hoyo cuadrado oscuro y profundo por el cual se iba mi nubosidad clara y mi música; no quería que se fuera mi música.

¿Otro más?

Al comienzo me imaginaba cargando una piedra gigante con manos y pies, que a medida iba pasando el tiempo, sentía calor en manos y dedos lo cual sentía que no podía moverme como si estuviera en una caja, de la que yo quería salir y no podía pero me era muy agradable como si hubiera una tranquila paz. Pero igual quería salir de ese cuadrado. Me sentía solo; me agradaban los sonidos de la música; había siempre dentro de la música alguien que tocara la puerta y cuando se acabó no quería abrir los ojos; quería seguir y fue como que me tenía que salir de la caja; siempre buscaba una luz dentro de lo oscuro, como seguir en un túnel y saber qué significa eso.

Ahora sí el último...

Siento que alguien me está presionando la espalda, haciendo que me incline sobre las rodillas; la presión es cada vez mayor y me inclino cada vez más. Tengo temor de que mi cerebro derecho no funciona y soy incapaz de imaginar y visualizar. Me imagino en un prado verde asoleado a la orilla de un riachuelo, un lugar agradable, de temperatura cálida, agradable. Estoy en una burbuja y me elevo en el aire; paso por encima de árboles, de la playa, de ciudades. La burbuja se deposita en una hoja y va por un riachuelo. Una ráfaga de viento la eleva y deposita en el jardín de mi casa de niña; vuelvo a ser niña y recorro el jardín caminando.

Bien, gracias. Hemos aprendido a relajarnos con las emociones. Ahora podemos practicar esta técnica al regreso a nuestra casa.

II. PRÁCTICAS DE REFLEXIÓN Y REDUCCIÓN FENOMENOLÓGICA

Antes de iniciarse en un **programa meditativo** es necesario **desaprender** y cambiar de hábitos, prejuicios, creencias o paradigmas, a través de **experiencias de reflexión y de reducción fenomenológica**[2] (juegos) físico-mentales (una especie de Koan del Zen) que permitan facilitar la apertura a otras formas de percepción de la realidad. Estas reflexiones y experiencias, están "destinados a hacer vacilar una evidencia que uno creía garantizada: nuestra identidad, por ejemplo, la estabilidad del mundo exterior, o incluso el sentido de las palabras". Estas reflexiones y experiencias[3] se emplean, como herramientas de modificación de la percepción, dentro de una situación de taller de aprendizaje que facilitará el acceso a la inteligencia transpersonal durante el proceso de la Experiencia de **Meditación Disipativa** (MD).

Antes de acceder a los juegos o experiencias de reducción fenomenológica, veamos qué se entiende por estas experiencias.

REFLEXIÓN.

Es detenerse en el presente de una observación. Es olvidarse de todo aquello que no tenga que ver con lo central de nuestra mirada del ahora. Es el comienzo de dejar de lado los prejuicios y sumisiones y encontrar así la libertad y autonomía de pensamiento. Es el principio del redescubrimiento del presente. Es un escape a la sumisión cotidiana de nuestras vidas. Es liberarse del aturdimiento de la conciencia con los fetiches tecnológicos de nuestra era. Es liberarse de la locura inconsciente de nuestros tiempos. En una palabra, es recordar que en nuestra interioridad somos libres.

Para acceder a este ámbito, de 35 **reflexiones**, las agrupamos en cinco rubros:

i)   **EL TIEMPO DEL QUE IGNORA LO QUE SABE**
ii)   **EL TIEMPO DEL QUE SABE LO QUE IGNORA**
iii) **EL TIEMPO DEL IGNORANTE QUE NADA SABE**
iv) **EL TIEMPO DEL SABIO QUE TODO IGNORA**
v)   **EL TIEMPO QUE TODO ESO SOMOS**

---

[2] Contemplación de los fenómenos tal cual ocurren, en su esencia, sin revestir de apariencias, referencias, conceptos, teorías y otros agregados.
[3] Se tomó como referencia algunos de los ejercicios del texto de Roger-Pol Droit "101 experiencias de filosofía cotidiana".

REDUCCIÓN FENOMENOLÓGICA.

Es la contemplación de los fenómenos, tal como se experimentan, en su esencia, sin revestirlos a referencias del pasado, como son conceptos, creencias y asociaciones o relaciones con otros actos conscientes que impliquen interpretaciones de la realidad. Debemos liberarnos de los paradigmas, que someten nuestra percepción, mediante el proceso de reducción fenomenológica. Como señalamos anteriormente, siempre actuamos según un marco de referencia que generamos o aceptamos en nuestra mente, rigiendo y orientando todo nuestro comportamiento según estos conceptos paradigmáticos que modifican nuestra percepción, pensamientos y acciones que originan con ello un proceso de validación y aceptación de nuestro modelo y visión del mundo: un libro, un autor, una idea o sistema de pensamiento, tienen influencia en nosotros, mientras no incorporemos a nuestra mente nuevos conceptos o modelos de acción. Prácticamente, los paradigmas o "sistemas de sumisión", nos afectan directa o indirectamente a causa de nuestra conciencia asociativa-programada. Sin embargo, esta misma situación nos da la capacidad de alterar la "sumisión" paradigmática, pues basta modificar los conceptos autorreferenciales para percibir el mundo de otra forma, orientando nuestro comportamiento bajo un nuevo paradigma del Ser, aun cuando normalmente el individuo no intenta modificar los conceptos que actúan como dogmas o prejuicios que suprimen o dificultan su libertad o independencia. Darse cuenta de este hecho es un factor importante que facilita el cambio, pues nos da la idea de que a pesar de que aparentemente el modelo adoptado en un momento pueda parecer correcto y adecuado, está, como toda proposición, sujeta a cambio de paradigma dados los nuevos descubrimientos de la conciencia del Ser. Nuevos puntos de referencia hacen percibir el mismo mundo desde otros puntos de vista que alteran, por ende, nuestro modo de actuar frente a él. Como dice Varela, el punto de partida es adoptar una actitud de reducción: poner entre paréntesis, suspensión de las creencias.

Las 35 experiencias (juegos) de **reducción fenomenológicas**[4] seleccionadas, son las siguientes:

1. Llamarse a sí mismo (20 minutos).
2. Vaciar de sentido una palabra (2 a 3 minutos).
3. Ver las estrellas abajo (30 a 60 minutos).

---

[4] F. Bertossa & R. Ferrari señalan: "F. Varela propuso un método llamado neurofenomenología y que trabajó hasta el final de su vida, junto a filósofos y psicólogos experimentales, para perfeccionarlo e impulsarlo. Es un primer paso muy prometedor que busca colmar la ausencia de procedimientos operativos que presentan las obras de Husserl y otros fenomenólogos."

4. Ver un paisaje como una tela tensada (20 a 30 minutos).
5. Hacer una pared entre las manos (10 minutos).
6. Caminar en la oscuridad (algunos segundos).
7. Pensar en todos los lugares del mundo (20 a 30 minutos).
8. Imaginar que pela una manzana (20 a 30 minutos).
9. Creerse en las alturas (15 a 30 minutos).
10. Contar hasta mil (15 a 20 minutos).
11. Seguir los movimientos de las hormigas (30 minutos).
12. Observar el polvo al sol (15 a 30 minutos).
13. Hacerse el animal (10 a 20 minutos).
14. Esperar sin hacer nada (10 minutos a varias horas).
15. Tratar de no pensar (10, 20 y 30 minutos).
16. Escribir (20 a 30 minutos).
17. Convertirse en música (20 a 120 minutos).
18. Pasear en un bosque imaginario (2 a 3 horas).
19. Entrar en el espacio de un cuadro (indefinible).
20. Escuchar su voz grabada (algunos minutos).
21. Observar un objeto definido (15 minutos).
22. Observar un lugar no definido (15 minutos).
23. Observar caras en la oscuridad (20 minutos).
24. Reírse (7 minutos).
25. Ver con un solo ojo (10 minutos).
26. Oír sonido interior (8 minutos).
27. Caminar sobre una línea en suelo, imaginando estar a gran altura (5 minutos).
28. Oír el sonido del mar (7 minutos).
29. Ver figuras de Escher (5 minutos).
30. Oír sonido de copa de cristal (10 minutos).
31. Creer en la existencia de un olor (10 minutos).
32. Imaginar comer una naranja o limón (10 minutos).
33. Permanecer sentado en la oscuridad (10 minutos).
34. Acariciar dos objetos (con forma y sin forma) simultáneamente (10 minutos).
35. Ver, oír y respirar por una sola fuente (7 minutos).

Intención fenomenológica

En la contemplación de los fenómenos, se persigue una **intención** como resultado de la experiencia. Los tipos de intención buscados son los siguientes:

1. Desidentificación de sí mismo.

2. Disociación del objeto.

3. Sensación de flotar en el espacio.

4. Sensación de otra realidad.

5. Lo visto difiere de lo sentido.

6. Sensación de incertidumbre.

7. Sensación de vivir en un instante en varios lugares.

8. Ejercitar la visualización.

9. Sensación de liberarse del peso corporal.

10. Experimentar dificultad de mantener concentración.

11. Sensación de interactuar con otro mundo.

12. Sensación de estar viendo los límites de lo invisible.

13. Sensación de trascender la identidad.

14. Experiencia de paciencia y autodominio.

15. Experiencia de abandono del pensamiento.

16. Sensación de que lo escrito no lo escribió uno.

17. Sensación de fundirse con la música.

18. Experiencia de sentirse realmente en el bosque.

19. Sensación de vivir en un espacio en varios lugares.

20. Experiencia de desplazamiento de la percepción.

21. Experiencia de disolución del objeto.

22. Sensación de privación sensorial.

23. Sensación de recuerdos ancestrales.

24. Sensación de liberación.

25. Sensación de aplanar el mundo.

26. Sensación de cruzar a un mundo silencioso.

27. Experiencia de visualización.

28. Sensación de trascendencia de ubicuidad.

29. Sensación de interferencias en la percepción.

30. Sensación de interferencia de sensaciones.

31. Experiencia de creación de sensación.

32. Experiencia de generación de sensaciones voluntarias y autónomas.

33. Experiencia de inmovilidad y de voluntad de permanecer en ese estado.

34. Experiencia de confusión de sensaciones.

35. Experimentar la complejidad de la realidad en la simplicidad de los sentidos.

PRÁCTICAS DE REFLEXIÓN Y REDUCCIÓN FENOMENOLÓGICA

Ahora, ubiquemos un lugar donde nos relajaremos. Ya preparados, (sentados, de pie o tendidos), primero elijamos uno de los 35 temas. Enseguida leamos, brevemente, el pensamiento (reflexión) que encabeza cada tema y prestemos cierta atención en ella con el propósito de abandonar los pensamientos y preocupaciones traídos desde el exterior; luego comencemos nuestra tarea, manteniéndonos el tiempo necesario para "poner entre paréntesis" (reducción fenomenológica) todos los conceptos y representaciones previos que trae el sujeto, y sumirse en un proceso de su propia interioridad. Una vez finalizada esa tarea, al igual que en la meditación, que sigue a continuación, debe describirla para lograr, posteriormente, una comprensión del significado de la experiencia vivida.[5]

Prácticas de reflexión y de reducción fenomenológica

(I) EL TIEMPO DEL QUE IGNORA LO QUE SABE

Reflexión 1:

Ignoro que en lo más profundo de nosotros, reina la sabiduría.

Experiencia:

1. Llamarse a sí mismo.

(10 minutos)

ACTIVIDAD: Repetir su nombre pausadamente.

INTENCIÓN: Desidentificación de sí mismo.

Experiencia (Descripción)

---

[5] El proceso descrito tiene semejanza con los métodos, procedimientos y validaciones propuestas por F. Varela y M. Berman: métodos de introspección, fenomenología y meditación; Procedimientos de atención en tarea, reducción-suspensión y conciencia expandida; Validación con relatos verbales, descripciones relatos tradicionales.

Reflexión 2:

Ignoro que nosotros ya tenemos todo lo que necesitamos saber.

2. Vaciar de sentido una palabra.

(2 a 3 minutos)

ACTIVIDAD: Repetir el nombre de un objeto.

INTENCIÓN: Disociación del objeto.

Experiencia (Descripción)

Reflexión 3:

Ignoro que no queremos que emerja la inteligencia interior.

3. Ver las estrellas abajo.

(15 a 30 minutos)

ACTIVIDAD: Observar tendido las estrellas, imaginando que está suspendido en medio del universo.

INTENCIÓN: Sensación de flotar en el espacio.

Experiencia (Descripción)

Reflexión 4:

Ignoro que aceptamos la forma de vida impuesta a nosotros.

4. Ver un paisaje como una tela tensada. (10 a 15 minutos)

ACTIVIDAD: Imaginar el paisaje que está en una tela.

INTENCIÓN: sensación de otra realidad detrás del paisaje imaginado como una tela.

Experiencia (Descripción)

Reflexión 5:

Ignoro que poseemos toda la capacidad para cambiar nuestra forma de vida.

5. Hacer una pared entre las manos. (5 minutos).

ACTIVIDAD: Presionar ambas manos como estar contra una pared.

INTENCIÓN: Lo visto difiere de lo sentido.

Experiencia (Descripción)

Reflexión 6:

Ignoro que somos lo que no queremos ser en nuestra interioridad.

6. Caminar en la oscuridad.

(Algunos segundos)

ACTIVIDAD: efectuar la acción.

INTENCIÓN: Sensación de incertidumbre.

Experiencia (Descripción)

Reflexión 7:

Ignoro que sabemos dónde llegaremos.

7. Pensar en todos los lugares del mundo. (10 a 15 minutos)

ACTIVIDAD: Imaginar visitar muchos lugares del mundo.

INTENCIÓN: Sensación de vivir en un instante, infinita diversidad de lugares. El Universo en un instante.

Experiencia (Descripción)

(II) EL TIEMPO DEL QUE SABE LO QUE IGNORA

Reflexión 8:

Sé que somos más de lo que representamos.

8. Imaginar que pela una manzana.

(10 a 15 minutos)

ACTIVIDAD: efectuar la acción.

INTENCIÓN: Ejercitar la visualización.

Experiencia (Descripción)

Reflexión 9:

Sé que no podemos seguir como vamos.

9. Creerse en las alturas.

(10 a 15 minutos)

ACTIVIDAD: Imaginar que se está a gran altura.

INTENCIÓN: Sensación de liberarse del peso corporal.

Experiencia (Descripción)

Reflexión 10:

Sé que estamos en la ruta de descubrimientos.

10. Contar hasta mil.

(15 a 20 minutos)

ACTIVIDAD: efectuar acción.

INTENCIÓN: Experimentar la dificultad de mantener concentración.

Experiencia (Descripción)

Reflexión 11:

Sé que solo nosotros podemos hacer el cambio.

11. Seguir los movimientos de las hormigas. (20 minutos)

ACTIVIDAD: efectuar acción.

INTENCIÓN: Sensación de interactuar con otro mundo.

Experiencia (Descripción)

Reflexión 12:

Sé que somos más de lo que pensamos.

12. Observar el polvo al sol.

(10 a 15 minutos)

ACTIVIDAD: efectuar acción.

INTENCIÓN: sensación de estar viendo los límites de lo invisible.

Experiencia (Descripción)

Reflexión 13:

Sé que somos todo lo que somos.

13. Hacerse el animal.

(10 a 20 minutos)

ACTIVIDAD: Imaginar ser un animal y efectuar sus movimientos, gestos y gruñidos.

INTENCIÓN: sensación de trascender la identidad.

Experiencia (Descripción)

Reflexión 14:

Sé que lo que ignoro ya lo sabía.

14. Esperar sin hacer nada (10 minutos a varias horas)

ACTIVIDAD: efectuar acción.

INTENCIÓN: Experiencia de paciencia y autodominio.

Experiencia (Descripción)

(III) EL TIEMPO DEL IGNORANTE QUE NADA SABE

Reflexión 15:

Ignoro que somos ignorantes.

15. Tratar de no pensar.

(10 a 20 minutos)

ACTIVIDAD: efectuar acción.

INTENCIÓN: Experiencia de abandono del pensamiento.

Experiencia (Descripción)

Reflexión 16:

Ignoro que somos cuerpo-mente.

16. Escribir.

(20 a 30 minutos)

ACTIVIDAD: efectuar acción.

INTENCIÓN: sensación de que lo escrito no lo escribió uno

Experiencia (Descripción)

Reflexión 17:

Ignoro que somos uno con todos.

17. Convertirse en música.

(15 a 30 minutos)

ACTIVIDAD: Imaginar escuchando música estar dentro de ella.

INTENCIÓN: sensación de fundirse a la música.

Experiencia (Descripción)

Reflexión 18:

Ignoro que somos ya lo que llegaremos a ser.

18. Pasear en un bosque imaginario.

(1/2 a 1 hora)

ACTIVIDAD: efectuar acción.

INTENCIÓN: Experiencia de estar realmente en el bosque.

Experiencia (Descripción)

Reflexión 19:

Ignoro que tengo capacidades para cambiar y transformar el mundo.

19. Entrar en el espacio de un cuadro. (Indefinible)

ACTIVIDAD: Observar una sección de un cuadro e imaginarse estar dentro de él.

INTENCIÓN: Sensación de vivir en un espacio, infinita diversidad de lugares. El Universo en un espacio.

Experiencia (Descripción)

Reflexión 20:

Ignoro que somos un universo.

20. Escuchar su voz grabada.

(Algunos minutos)

ACTIVIDAD: efectuar acción.

INTENCIÓN: Experiencia de desplazamiento de la percepción.

Experiencia (Descripción)

Reflexión 21:

Ignoro que ya somos sabios.

21. Observar un objeto definido.

(10 minutos)

ACTIVIDAD: efectuar acción.

INTENCIÓN: Experiencia de disolución del objeto.

Experiencia (Descripción)

(IV) EL TIEMPO DEL SABIO QUE TODO IGNORA

Reflexión 22:

Ignoro todo lo que se presenta como la verdad.

22. Observar un lugar no definido.

(10 minutos)

ACTIVIDAD: efectuar acción.

INTENCIÓN: sensación de privación sensorial.

Experiencia (Descripción)

Reflexión 23:

Ignoro todas las certezas de la realidad.

23. Observar caras en la semi-oscuridad.

(15 minutos)

ACTIVIDAD: efectuar acción.

INTENCIÓN: sensación de recuerdos ancestrales.

Experiencia (Descripción)

Reflexión 24:

Ignoro la forma de vida competitiva.

24. Reírse.

(7 minutos)

ACTIVIDAD: efectuar acción.

INTENCIÓN: sensación de liberación.

Experiencia (Descripción)

Reflexión 25:

Ignoro toda búsqueda de poder.

25. Ver con un solo ojo.

(10 minutos)

ACTIVIDAD: efectuar acción.

INTENCIÓN: Sensación de aplanar el mundo.

Experiencia (Descripción)

Reflexión 26:

Ignoro la visión de que somos solo máquinas.

26. Oír sonido interior.

(8 minutos)

ACTIVIDAD: Tapar sus oídos y escuchar.

INTENCIÓN: sensación de cruzar a un mundo silencioso.

Experiencia (Descripción)

Reflexión 27:

Ignoro la visión de que somos solo productores y consumidores.

27. Caminar sobre una línea en suelo, imaginando estar a gran altura.

(5 minutos)

ACTIVIDAD: efectuar acción.

INTENCIÓN: Experiencia de visualización.

Experiencia (Descripción)

Reflexión 28:

Ignoro los sentimientos de pena y angustias por las causalidades.

28. Oír el sonido del mar.

(7 minutos)

ACTIVIDAD: Colocarse caracol al oído y escuchar.

INTENCIÓN: Sensación de trascendencia de ubicuidad.

Experiencia (Descripción)

(V) EL TIEMPO QUE TODO ESO SOMOS

Reflexión 29:

Ya somos lo que seremos.

29. Ver figuras de Escher.

(5 minutos)

ACTIVIDAD: efectuar acción.

INTENCIÓN: sensación de interferencias en la percepción.

Experiencia (Descripción)

Reflexión 30:

Tengo todo y no soy nada. Nada tengo, nada poseo, solo soy.

30. Oír sonido de copa de cristal.

(10 minutos)

ACTIVIDAD: efectuar acción.

INTENCIÓN: Experiencia de interferencia de sensaciones.

Experiencia (Descripción)

Reflexión 31:

De todos mis conocimientos, el mayor de ellos es mi ignorancia.

31. Creer en la existencia de un olor.

(10 minutos)

ACTIVIDAD: Imaginar un olor.

INTENCIÓN: Experiencia de creación de sensación.

Experiencia (Descripción)

Reflexión 32:

Cuando ignoro la ignorancia, actúo con sabiduría.

32. Imaginar comer una naranja o limón.

(10 minutos)

ACTIVIDAD: efectuar acción.

INTENCIÓN: Experiencia de generación de sensaciones voluntarias y autónomas.

Experiencia (Descripción)

Reflexión 33:

Creo que voy en camino de saber quién soy, de dónde vengo y hacia dónde voy.

33. Permanecer sentado en la oscuridad.

(10 minutos)

ACTIVIDAD: efectuar acción.

INTENCIÓN: Experiencia de inmovilidad y voluntad de permanecer en ese estado.

Experiencia (Descripción)

Reflexión 34:

No dependo de los otros, dependo de mí mismo.

34. Acariciar dos objetos (con forma y sin forma) simultáneamente.

(10 minutos)

ACTIVIDAD: efectuar acción.

INTENCIÓN: Experiencia de confusión de sensaciones.

Experiencia (Descripción)

Reflexión 35:

En ningún libro hay tanta sabiduría como en nosotros mismos. Mi maestro es mi propia conciencia.

35. Ver, oír y respirar por una sola fuente de cada sentido.

(7 minutos)

ACTIVIDAD: efectuar acción.

INTENCIÓN: Experimentar la complejidad de la realidad en la simplicidad de los sentidos.

Experiencia (Descripción)